NOTICE (N° 9)

SUR

LA VIE ET LES ŒUVRES

DE

L'ABBÉ VALENTIN

... DE L'ÉGLISE MÉTROPOLITAINE

... CURÉ DE NEUVIZY,

... ÉGLISE DE N.-D.-DE-BON-SECOURS

avec l'autorisation de Mgr LANGÉNIEUX,
Archevêque de Reims

PAR L'ABBÉ QUÉANT,

Curé de Launois-sur-Vence

NOTICE

SUR LA VIE ET LES ŒUVRES

DE

M. L'ABBÉ VALENTIN

CHANOINE HONORAIRE DE L'ÉGLISE MÉTROPOLITAINE
DE REIMS, CURÉ DE NEUVIZY,
ET FONDATEUR DE L'ÉGLISE DE N.-D.-DE-BON-SECOURS

Publiée avec l'autorisation de Mgr LANGÉNIEUX,
Archevêque de Reims

Par l'Abbé QUÉANT,

Curé de Launois-sur-Vence

Se vend
au profit de l'Église du Pélerinage, à Neuvizy.

1877

L'Abbé N. VALENTIN,

Chanoine honoraire de l'Eglise métropolitaine de Reims,

Directeur du Pèlerinage de N.-D.-de-Bon-Secours,

Curé de Neuvizy et fondateur de l'Église,

DÉCÉDÉ LE 1er NOVEMBRE 1876

NOTICE SUR LA VIE ET LES ŒUVRES

DE

M. l'Abbé VALENTIN

CHAPITRE Ier

ENFANCE ET JEUNESSE DE M. VALENTIN

Sa naissance. — Sa famille. — Son éducation. — Sa piété. — Sa vocation. — Leçons reçues au presbytère. — Petit-Séminaire. — Ses succès. — Son aptitude pour les travaux mécaniques. — Son ordination.

M. l'abbé Nicolas Valentin, mort, le jour de la Toussaint 1876, chanoine honoraire de Reims et curé de Notre-Dame-de-Bon-Secours de Neuvizy, était né, le 19 avril 1818, à Matton, beau village des Ardennes, situé non loin de Carignan et de Saint-Walfroy.

Il appartenait à une famille humble et modeste, mais remarquable par son respect pour les principes de la foi et par sa fidélité aux saintes pratiques de la religion. Son père qui était à la tête d'une culture et utilisait les loisirs que lui laissaient les travaux des champs pour s'occuper de menuiserie, était un de ces hommes qui savent apprécier l'importance de l'éducation et l'influence qu'elle peut avoir sur l'avenir d'un enfant. Aussi il ne négligea rien pour former le cœur de ses enfants et cultiver leur intelligence ; ne destinant pas d'abord son fils aîné à l'état ecclésiastique, il l'avait laissé, jusqu'à l'âge de 13 ans, à l'école de son parent, l'excellent M. Thiérard, instituteur de Matton, frère d'un prêtre, et père lui-même de deux enfants qui seront prêtres ; l'un fut ce missionnaire dont plus tard l'abbé Valentin écrira la vie.

Mais bientôt une inclination naturelle dirigea toutes les pensées du jeune homme vers le sacerdoce. Une piété tendre et affectueuse qui a fait, du reste, le caractère particulier de sa vie, un goût prononcé pour tout ce qui avait rapport aux saintes fonctions de la carrière vers laquelle il tournait tous ses désirs, décidèrent ses religieux parents à favoriser une vocation qu'ils auraient craint d'entraver autant qu'ils évitaient de la faire naître.

On le voyait souvent, accompagné des enfants de son âge, retracer, jusque dans ses amusements, le tableau des cérémonies religieuses ; il aimait à faire lui-même l'office du prêtre, à l'autel qu'il avait construit et placé dans sa chambre.

Le vénérable curé de la paroisse, M. l'abbé Quoirin, qui savait justement apprécier le caractère et les dispositions des enfants qu'il avait vus grandir, prenait le temps, malgré ses nombreuses occupations, de lui enseigner les principes de la langue latine, et de l'initier aux premières notions de la science ecclésiastique. Il reçut pendant cinq ans les leçons de ce bon maître et ce ne fut qu'à l'âge de dix-huit ans qu'il fut admis au petit-séminaire de Charleville.

Son goût pour les choses saintes s'y développa chaque jour. Il mettait à l'étude, pendant qu'il était séminariste, la même ardeur qu'il a mise depuis à toute chose ; il était rempli d'émulation ; dans les concours il ne manquait jamais d'arriver avec les premiers ; aussi obtenait-il beaucoup de prix à la fin de chaque année.

Je n'apprendrai rien à personne en répétant ce que disaient dernièrement M. l'abbé Dunaime, archiprêtre de Sedan, et M. l'abbé Dupin, ses condisciples et ses amis (1), que le jeune Valentin, pendant ses classes, fut aimé de tous ses camarades, des plus indifférents comme des plus pieux, des plus légers comme des plus graves.

Dès son enfance il manifesta une grande aptitude pour les travaux mécaniques. Au séminaire de Charleville, pendant ses récréations, il maniait adroitement toutes sortes d'outils et rendait bien des services à la maison. Au grand séminaire de Reims il construisit, avec M. l'abbé Pierquin, une machine à vapeur en bois qui faisait l'admiration des mécaniciens les plus habiles. Un baromètre et un thermomètre sortirent aussi de ses mains.

Néanmoins sa piété croissante faisait espérer à ses supérieurs qu'ils n'auraient qu'à s'applaudir de son admission à la prêtrise ; il fut ordonné, à l'âge de vingt-six ans, en 1844.

Il n'a pas trompé leurs espérances.

(1) M. l'abbé Dupin, curé de Poix, n'ayant pu assister à la cérémonie de l'inhumation, vint ce jour-là rendre une visite, sur le soir, à la famille, pour lui donner une marque de sympathie. Prié de dire un mot, au salut, il improvisa un discours admirable, prononça l'éloge du défunt, rappela l'enfance et la jeunesse de M. Valentin, le considéra comme prêtre, comme pasteur et comme ami, et il sut employer des expressions si touchantes qu'il tira des larmes de tous les assistants.

CHAPITRE II

M. VALENTIN, CURÉ DE MONTIGNY-SUR-VESLE

Congrégation de jeunes personnes. — Ses premiers écrits. — Il est nommé directeur du Tiers-Ordre. — Réparation des églises de Breuil et de Montigny. — Monument en l'honneur de l'Immaculée Conception. — Projet d'église pour les Venteaux. — Sa nomination à la paroisse de Neuvizy.

M. l'abbé Valentin était, en effet, l'homme zélé par excellence. Au commencement de son ministère sacerdotal, on le voit, dans sa paroisse de Montigny-sur-Vesle, diriger, avec le plus grand succès, une congrégation de jeunes personnes qui produisit des fruits de sainteté si abondants, que bientôt le pieux pasteur put écrire une *Notice sur la vie et la mort édifiantes de douze associées,* appartenant à la confrérie dont il était le directeur spirituel. Il avait préludé à ce beau travail en donnant au public la vie édifiante de l'une d'entre elles, Mlle Élisa Gervais, ainsi qu'une *Notice historique sur la vie et les travaux apostoliques du P. Thiérard,* missionnaire du Saint-Esprit et du Saint-Cœur de Marie.

Il voulut aussi, par ses bons exemples, montrer à ses paroissiens par quels moyens on peut plus facilement se sanctifier dans le monde. Il pratiquait, dans ce but, les pieux exercices de diverses confréries ; il demanda et obtint la faveur de faire partie du Tiers-Ordre séculier de Saint-François, et il en devint bientôt le directeur pour toute la région.

Tout en travaillant par ses exemples, ses exhortations et ses écrits à construire dans les âmes l'édifice solide de la foi et de la piété, il ne néglige pas de s'occuper de la réparation des édifices consacrés au culte divin. C'est ainsi qu'à différentes époques il a restauré, en grande partie, l'église de Breuil, son annexe, comme on peut le voir dans une *Monographie* de cette église, qu'il a composée.

En 1857, il érige, à Montigny, à 500 mètres du village, un monument en l'honneur de l'Immaculée Conception, en souvenir d'une mission donnée dans la paroisse.

Il n'était pas possible que l'église de Montigny, lieu de sa résidence habituelle, échappât à sa pastorale vigilance ; il en fit réparer provisoirement la chapelle méridionale, et il songeait à la reconstruction complète de l'édifice ; il avait également conçu le projet de construire une église à l'usage des deux cents ouvriers de la filature des Venteaux, dépendance de Montigny, et la construction était décidée, lorsqu'il fut appelé par la confiance de S. Em. le cardinal Gousset au poste de Neuvizy, l'une des plus petites, mais des plus importantes paroisses du diocèse à cause du pèlerinage de Notre-Dame-de-Bon-Secours qui attire chaque année et chaque jour de nombreux pèlerins.

Il fallait là un prêtre qui, aux vertus apostoliques, unit toutes les qualités d'un zélé missionnaire.

CHAPITRE III

M. VALENTIN, CURÉ DE NEUVIZY

Bon choix du cardinal. — Achat et réparation d'un presbytère. — Construction d'une église. — Mgr Gousset bénit la première pierre. — M. Valentin, chanoine honoraire. — Habile direction des travaux. — Désintéressement. — Périls et dangers. — Souffrances. — Zèle en chaire et au confessionnal. — Aimable hospitalité. — Chemin pour le pélerinage. — Divers projets. — Neuvaine de mai, — Grâces obtenues. — Travaux historiques.

Le choix de Son Eminence fut des plus heureux. M. l'abbé Valentin avait tout ce qu'il faut pour être directeur de pélerinage. Il avait, du reste, avec lui, une sœur des plus dévouées et d'une piété exemplaire. Son frère, M. Édouard Valentin, percepteur à Maubert - Fontaine, accourait avec tous les siens lorsqu'il y avait grande affluence de pélerins, et rendait de grands services; c'était un véritable maître de cérémonies.

Neuvizy n'était pas doté de presbytère, l'église était insuffisante, les ressources manquaient totalement. Le nouveau curé se mit à l'œuvre avec courage. Bientôt une maison fut achetée et appropriée par lui à sa nouvelle destination. La construction d'un plus vaste et plus riche sanctuaire de Notre-Dame fut décidée; le plan en fut arrêté. La première pierre fut bénite par Son Eminence Monseigneur le cardinal Gousset, le 4 mai 1865.

C'est dans cette circonstance que M. l'abbé Valentin a été nommé chanoine honoraire de Reims, pour le récompenser de son obéissance et de son dévouement.

Depuis ce moment, les travaux n'ont, pour ainsi dire, pas été interrompus, malgré les tristes événements de la guerre de 1870; plus de cent mille francs ont été dépensés, mais avec la plus stricte économie (1).

L'église est presque achevée; il ne reste plus à élever que les deux flèches. Il est vrai que les derniers comptes accusent un déficit assez considérable, environ trente mille francs, je crois; mais cette dette est couverte par un emprunt régulier que les recettes effectuées chaque année, doivent amortir successivement. Sous l'habile direction de M. l'abbé Valentin, toutes ces opérations paraissaient des plus simples, et il savait parfaitement concilier le service des intérêts et le paiement des ouvriers; tout arrivait à point. Il faut avouer qu'avec un désintéressement inimitable, il n'a pas craint d'engager son patrimoine et celui de sa vénérable sœur pour satisfaire à toutes les nécessités du moment.

Rien d'ailleurs, de ce qui concerne l'art de la construction, ne lui était étranger. On peut dire qu'il était tout à la fois architecte, entrepreneur, vérificateur, maçon, sculpteur, tailleur de pierres, appareilleur, charpentier, menuisier, serrurier, couvreur, peintre, vitrier, statuaire. Rien ne se faisait sans lui, il présidait à tout, il travaillait lui-même comme un simple ouvrier. Aussi ses visiteurs le trouvaient constamment la soutane couverte d'une glorieuse et laborieuse poussière.

Tous ces travaux lui firent courir parfois de

---

(1) Dans cette évaluation ne sont pas compris les charrois dus à la générosité des habitants de Vieil-Saint-Remy, de Faissault, de Villers-le-Tourneur, de Hagnicourt, de Launois, de la Fosse-à-l'Eau, de Jandun, de Barbaise, de Touligny, de Hocmont et de Poix.

réels dangers auxquels il n'échappa que par une protection spéciale de la Sainte-Vierge. Un jour il resta suspendu, à quarante pieds de hauteur, par les deux mains ; mais dans cette position critique, il eut la présence d'esprit de commander aux ouvriers de venir le prendre par la tête, leur indiquant l'endroit par où ils devaient passer pour l'enlever au péril. Ses ordres furent suivis et il fut sauvé.

Dans une autre circonstance une pierre glisse du haut d'un échafaudage et fait tomber un madrier, au moment où occupé à d'autres travaux, M. l'abbé Valentin tournait l'angle d'un mur. La pièce de bois le frappe malheureusement à la tête et le renverse à terre sans connaissance. On le crut mort, il n'était qu'évanoui. Il revint peu à peu à lui-même et alla s'agenouiller aux pieds de l'autel de Marie remercier cette divine Mère qui, dans un tel péril, avait conservé sa vie saine et sauve.

Son esprit était sans cesse préoccupé par les calculs que nécessitaient tous les détails d'une entreprise si complexe, ce qui lui occasionnait de fréquentes et douloureuses migraines. Néanmoins, il était toujours disposé à annoncer la parole de Dieu toutes les fois que se présentait à l'église un groupe de nouveaux pèlerins, ou lorsqu'il était demandé par ses confrères pour quelque circonstance solennelle.

Bien souvent dans la journée, il quittait ses outils pour entrer au confessionnal ou pour recevoir, de la manière la plus aimable, ses confrères, envers lesquels il exerçait une large et généreuse hospitalité. On peut affirmer que sa maison était une sorte d'hôtellerie religieuse où prêtres et laïques étaient parfaitement reçus à toute heure du jour et de la nuit, lorsque leur dévotion leur faisait venir implorer Notre-Dame-de-Bon-Secours.

Pour faciliter à tous les visiteurs étrangers l'accès du pélerinage, le zélé pasteur eut l'heureuse idée de faire un chemin avec les débris de la démolition de la vieille église. Une sorte de chemin vert, aboutissant à la route, conduisait directement à la maison presbytérale et abrégeait passablement les distances. Mais ce chemin, encaissé dans presque toute sa longueur, était inabordable une grande partie de l'année. M. l'abbé Valentin, faisant l'office d'ingénieur, aidé d'un groupe de volontaires, la pelle et la pioche à la main, pratiqua des fossés au bas des talus, pour l'écoulement des eaux, nivela le terrain, le couvrit de plusieurs couches de pierres qu'il fit tirer des carrières voisines, de sorte que ce chemin devint bientôt carrossable et est d'une grande utilité pour tous.

Dans ces derniers temps, il avait encore formé le projet de construire dans la forêt une magnifique grotte pour servir de réservoir à la source où viennent puiser les pélerins, lorsqu'ils se rendent au pied du calvaire qui rappelle le lieu de l'apparition. Déjà M. le comte de Bouville, toujours si généreux pour le pélerinage, lui avait versé une somme de cent francs pour commencer l'exécution de ce pieux dessein. Le dernier chêne séculaire, contemporain de celui qui avait reçu sur son tronc fortuné la statue miraculeuse, depuis longtemps dépouillé de son écorce par une sainte rapine, fut, l'année dernière, renversé par un furieux ouragan. Cet arbre lui avait été également donné, et il se proposait de le convertir en planches épaisses et solides avec lesquelles on devait faire les portes monumentales des basses-nefs de l'église.

C'est surtout pendant la neuvaine du mois de mai que le pieux pasteur redoublait de zèle et d'activité. Aidé par deux missionnaires lazaristes et par tous ses confrères voisins qui, chaque année, se faisaient un devoir d'assister aux principaux offices et aux processions solennelles, il présidait pieusement à tous les exercices du pèlerinage ; il se multipliait, pour ainsi dire, pour répondre à tous les saints désirs d'un concours immense de fidèles. Prédications, confessions, communions, instructions particulières, distributions et bénédictions de chapelets, de croix, de médailles, de scapulaires, l'occupaient depuis l'aurore jusqu'au soir. Souvent survenaient, par surcroît, de pieuses caravanes inattendues : séminaires, colléges, pensionnats tenus par des frères, par des religieuses, enfants de Marie, cercles catholiques, corporations ouvrières amenées par MM. Harmel, du Val-des-Bois. Il fallait leur rompre le pain de la parole divine et chercher en même temps ce qui était nécessaire à tout ce monde pour la nourriture matérielle. Oh ! comme il était heureux dans ces circonstances de se prodiguer pour tous ! Que sa joie était bien plus grande encore, lorsqu'il apprenait que des grâces particulières avaient été obtenues par ceux qui étaient venus les solliciter de cette Divine Vierge, au service de laquelle il s'était dévoué ! Et cette joie, nous le savons, il l'a éprouvé bien des fois, comme le constatent ces *ex-voto* qu'on aperçoit sur la muraille de cette église, tablettes saintes et sacrées, qui, plus tard, la couvriront entièrement et formeront une sainte muraille de marbre, qu'on pourra appeler la muraille de grâce. Ils serviront à rappeler non seulement les guérisons miraculeuses, mais aussi les guérisons des âmes ; et celles-ci, certes, ne sont pas toujours inscrites, bien qu'elles soient plus nombreuses que les premières ; car les guérisons des corps ne sont accordées, de temps en temps, que pour témoigner de la grande puissance de Marie auprès de Dieu, que pour servir à réveiller la foi endormie dans nos cœurs.

Tous ces travaux matériels, intellectuels et moraux, n'ont pas empêché ce bon curé, ami de l'étude et d'une activité sans pareille, d'écrire une *Notice historique et descriptive sur les monuments civils et religieux du canton de Fismes,* qui a été couronnée par l'académie de Reims ; de plus une *Histoire de l'abbaye d'Ormont* et une *Histoire du pélerinage de Neuvizy.* Il avait, en outre, préparé une *Histoire de Montigny et de ses dépendances,* et un ouvrage intitulé : *Souvenirs intimes de famille.*

Nous n'en finirions pas si nous voulions énumérer tous les projets de décoration intérieure de son église que son imagination ardente avait formés pour un avenir prochain, et qu'il avait déjà, en partie, réalisés dans ces splendides verrières posées par lui tout récemment.

Nous aimons mieux, en terminant cette courte notice, citer quelques lignes des plus honorables sur notre cher défunt, écrites par un des vicaires généraux de S. Em. Mgr l'Archevêque de Reims.

CHAPITRE IV

MORT DE M. L'ABBÉ VALENTIN — SES OBSÈQUES

Dans la nuit du lundi au mardi, veille de la Toussaint, il eut une attaque de paralysie ; il reçut pieusement le sacrement de pénitence. Un télégramme fut aussitôt envoyé à Reims. Le jour suivant, au matin, le mieux était sensible, le docteur avait l'espoir de nous le conserver, car rien ne faisait prévoir que sa dernière heure allait sitôt sonner, lorsque soudain, pendant la nuit, il rendit doucement sa belle âme à Dieu, qui, pour le récompenser de ses vertus et de ses belles œuvres, voulut sans doute le faire assister au triomphe de ses saints dans le ciel, ou bien encore, s'il lui restait quelque faute légère à expier, le réunir aux âmes des justes que, le lendemain, les prières de l'univers catholique allaient délivrer. C'est alors que M. l'abbé Juillet, averti, écrivit ces paroles si consolantes pour sa famille et pour tous :

« Nous ne pensions guère que votre lettre reçue hier serait sitôt suivie de la nouvelle de la mort de notre cher curé de Neuvizy. Quel coup et quelle épreuve pour nous ! Ne craignez pas de dire à tous nos confrères combien Monseigneur en est affecté, et comme il prie avec nous pour le bien-aimé défunt. Il est mort à la tâche, se sacrifiant pour la gloire de Dieu et nous laissant l'exemple de toutes les vertus sacerdotales. Oh ! je ne doute pas que le diocèse tout entier ne pleure avec nous cette mort si rapide et si peu attendue. »

A ses obsèques qui ont eu lieu le samedi 4 novembre, une cinquantaine de prêtres, présidés par M. l'Archiprêtre de Rethel, délégué par Mgr l'Archevêque, et un grand nombre de personnes venues de toutes les paroisses voisines ont voulu rendre un dernier hommage à la mémoire vénérée de ce saint ami que les fidèles serviteurs de Dieu n'oublieront pas tant que subsistera cette magnifique église qu'il a bâtie en l'honneur de la Bienheureuse Vierge.

M. le marquis de Wignacourt et Mme la comtesse de Hédouville sont venus honorer ses funérailles.

Parmi les ecclésiastiques présents à cette triste cérémonie, on remarquait le vénérable Doyen de Novion, M. le Directeur du collège de Rethel, M. l'abbé Dépinois, M. le curé de Corny, qui tenaient les cordons du poêle, M. l'Archiprêtre de Sedan, M. l'abbé Husson, chanoine honoraire, et M. le Doyen de Juniville.

Le corps de M. l'abbé Valentin a été déposé près de sa vieille mère, dans un caveau qu'il a creusé lui-même, sous les marches du portail de son église, où il restera jusqu'à sa glorieuse résurrection.

Après les grâces, à la maison mortuaire, M. l'abbé Pierret, archiprêtre de Rethel, se faisant l'interprète de tout le clergé et de S. E. Mgr l'Archevêque, a exprimé, avec l'éloquence du cœur, les regrets du diocèse tout entier dans une allocution qui nous a profondément touchés, et qu'il a bien voulu nous permettre de reproduire pour l'édification de tous.

1...

CHAPITRE V

ALLOCUTION DE M. L'ABBÉ PIERRET,

ARCHIPRÊTRE DE RETHEL.

Messieurs,

« Tout à l'heure, les honneurs funèbres étaient rendus à une dépouille vénérée, le sang de l'agneau était offert pour une âme bien belle.... C'est beaucoup, cependant il me semble qu'il manquerait quelque chose à cette solennité douloureuse et qu'il y aurait dans nos cœurs un vide immense si nous n'arrêtions pas pendant quelques instants nos regards et nos pensées sur la vie pieuse et vraiment sacerdotale de M. l'abbé Valentin.

Et, ici, Messieurs, je vous prie de me comprendre ; ce n'est pas un éloge pompeux que je veux faire de ce digne prêtre ; je veux seulement pour consoler notre douleur, rappeler quelques unes de ses vertus. Les vertus du prêtre sont le secret de Dieu, et les secrets divins doivent toujours être manifestés.

D'ailleurs, à quoi bon l'éloge ? Aujourd'hui, n'était-il pas fait par les larmes d'une famille désolée, d'une paroisse inconsolable ? Il n'y a qu'un instant, en effet, elles tombaient pressées sur sa tombe, et Dieu acceptait ces larmes.

Le divin Sauveur ne nous a-t-il pas donné l'exemple ? Il a pleuré, lui aussi, il a pleuré sur les malheurs futurs de Jérusalem, il a pleuré auprès de la tombe de son ami ; nous pouvons donc pleurer également. Depuis que les larmes sont tombées des yeux divins de Jésus, les larmes humaines sont une chose sainte ; elles sont devenues chrétiennes, et les larmes chrétiennes ne sont jamais inconsolées.

Quand nous perdons les nôtres, en effet, nous savons bien qu'à travers nos larmes, nous pouvons contempler un autre horizon que celui de ce monde, l'horizon du bonheur et de la paix. Il en est ainsi quand nous perdons un pasteur vénéré ; nous le pleurons, et cependant, grâce au sang divin répandu, nous pouvons déjà pressentir pour lui l'éternel bonheur.

Et puis, ne l'avez-vous jamais remarqué ? mes vénérés confrères, quand une famille est touchée par la mort et qu'un de ses membres la quitte pour s'en aller auprès de Dieu, bien souvent des grâces spéciales lui sont données instantanément et elle ressent quelquefois des bonheurs qu'elle n'avait jamais goûtés. C'est qu'elle a auprès du Très-Haut un nouvel intercesseur, c'est que la mort n'a pu briser des liens qui unissaient des âmes faites pour s'aimer. Puisse cette pensée apporter quelque adoucissement à l'inénarrable douleur d'un frère, à l'angoisse d'une famille ; puisse-t-elle lui apporter la consolation, si toutefois elle peut être consolée.

M. l'abbé Nicolas Valentin appartenait à une de ces familles telles qu'en possèdent encore nos campagnes, et chez lesquelles l'antique foi est regardée comme le plus précieux des trésors. Aussi son enfance fut pieuse, toute pleine de douces vertus, et son digne frère et sa digne sœur n'iront pas à l'encontre de mes paroles si j'affirme, que même enfant, il était déjà l'honneur et la joie du foyer paternel.

Envoyé à l'âge de 18 ans au petit séminaire de Charleville, placé alors sous la direction de M. l'abbé Boucaumont, il laissa pressentir de suite ce qu'il serait plus tard. Nous nous rappelons tous, nous ses condisciples et ses amis, ce qu'il était alors ; nous savons combien il était bon, intelligent. Une parole capable de troubler la paix, il ne l'a jamais prononcée ; un acte contre la règle de la maison, il ne l'a jamais commis ; toujours égal à lui-même, il était alors ce qu'il fut depuis.

Le grand séminaire ne fit que développer ses nombreuses qualités. Sa vie présenta toujours le même calme, la même bonté ; le même cœur s'y fit voir ; aussi toujours M. l'abbé Valentin rencontra sur son chemin les mêmes sympathies.

Mais c'est dans les différentes paroisses qu'il occupa que son âme se manifesta toute entière.

Envoyé à Montigny-sur-Vesle, aussitôt après son ordination, il s'y montra dès les premiers jours l'homme de tous. Il était surtout l'homme des pauvres qu'il visitait souvent. Il se trouvait à sa place à son humble foyer, il y était également dans le salon des nobles familles dont il était l'ami. Pendant 21 ans, il exerça à Montigny un ministère modeste, mais plein de consolation. C'est alors surtout que son amour pour Marie commença à se manifester.

On l'a dit, Messieurs, l'éminent prélat qui nous gouverne peut à juste titre s'appeler le pontife de Marie, pourquoi n'appellerions-nous pas M. l'abbé Valentin le prêtre de Marie ?

Dès les premières années de son séjour à Montigny, il dirige une congrégation d'Enfants de Marie. Il sait que lorsque l'amour de la Vierge

Immaculée s'est emparé d'une jeune âme, elle est désormais forte pour la vertu, et que le chemin qu'elle suivra dans la vie sera toujours le chemin de l'honneur. En effet, Marie protégea ces enfants, et quelques années après, M. Valentin pouvait écrire la vie édifiante de plusieurs d'entre elles.

Le culte de Marie était sa constante préoccupation. Aussi, il se hâte d'ériger sur le territoire de Montigny la statue de la Vierge Immaculée. Dans sa pensée, elle était comme le palladium de sa chère paroisse.

M. l'abbé Valentin était aimé, vénéré dans sa paroisse de Montigny, il y faisait modestement le bien, s'occupant peu de l'opinion des hommes, ne s'occupant que de Dieu, lorsqu'un désir du cardinal Gousset, de vénérée mémoire, vint l'arracher à son doux ministère et à ses pieux travaux.

Ce moment est assurément le plus beau, je vais plus loin, le plus solennel de sa vie. Il se rend à l'appel qui lui est adressé et il entend sortir des lèvres du cardinal ces paroles : Mon cher Curé, j'ai besoin d'un homme dévoué pour une œuvre importante; j'ai besoin d'un homme de cœur pour une paroisse modeste, il est vrai, mais qui dans ma pensée est une paroisse plus qu'ordinaire; j'ai besoin d'une intelligence qui puisse répondre à mes désirs. Voulez-vous être cet homme dévoué, cet homme de cœur, voulez-vous être cette intelligence? Et le cardinal lui parle de la paroisse de Neuvizy, alors vacante et lui demande d'en être le curé. M. l'abbé Valentin est vivement ému tout d'abord, mais il se rappelle à l'instant les promesses qu'il a faites à son archevêque; il se rappelle que selon la pensée d'un Père de l'Église, le prêtre doit toujours être pour son évêque un fils soumis, dévoué ; il se rappelle aussi sa chère paroisse de Montigny, des larmes s'échappent de ses yeux et, malgré ses larmes, il répond : « Emi-« nence, vous me demandez d'aller dans un poste « nouveau pour travailler au bien des âmes ; j'irai. »

Par cette acceptation, M. l'abbé Valentin se fermait la carrière des dignités ecclésiastiques ; il le savait bien, mais que lui importait? On lui demandait un sacrifice, et il se soumettait. D'ailleurs, nous le savons, il n'a jamais su qu'obéir et se dévouer ; le dévouement a toujours été la note dominante de sa vie, et sur sa tombe on pourrait se borner à graver ces paroles : Ici repose un prêtre qui ne sut que se donner.

Vous redirai-je sa vie, vous redirai-je ses œuvres dans sa nouvelle paroisse? Mais elles sont là, nous pouvons les admirer, et pendant des siècles elles parleront de son intelligence, de son activité et de son zèle. Comme à Montigny, plus encore qu'à Montigny, il est tout à tous. Des âmes nombreuses viennent pour honorer Marie ; chaque jour, à toute heure, il est prêt pour diriger ces âmes. Qui dira les encouragements qu'il leur a prodigués, les consolations qu'il leur a données ! Ses jours, j'allais dire ses nuits, furent vraiment remplis, et jamais on n'entendit sortir de ses lèvres une parole impatiente ; jamais on ne vit sur son front le moindre pli indiquant le mécontentement ou l'ennui ; c'est qu'il s'agissait de faire l'œuvre de Dieu et aussi l'œuvre de Marie.

Et cependant, au moment où il acceptait le poste qui lui était offert par le cardinal, il pouvait pressentir des nuages, il pouvait prévoir des tristesses; il sentait qu'un jour le découragement pouvait l'atteindre, mais à l'instant une pensée fortifiante naissait dans son cœur. « Dieu sera avec moi, dit-il, et Marie m'aidera. » Et en effet, Dieu fut avec lui et Marie ne l'abandonna jamais.

Quel modèle! mes vénérés confrères, car nous aussi, nous avons quelquefois les nuages de la tristesse en partage; nous aussi, surtout dans ces temps mauvais où nous vivons, nous sentons souvent le découragement nous assaillir. De grâce, faisons comme M. l'abbé Valentin, appuyons-nous sur Dieu, appuyons-nous sur Marie et, comme lui, nous serons toujours forts et pleins d'ardeur.

C'est cette confiance en Dieu, Messieurs, qui fit concevoir à M. l'abbé Valentin un projet vraiment gigantesque. Ce projet eût arrêté bien des courages, mais plus il présentait de difficultés plus il le jugeait digne de son zèle.

Il gémissait de voir que son église, où la Vierge Immaculée recevait tant d'hommages, était si peu digne de sa gloire. Aussi un jour, il se dit : Il faut que je me mette à l'œuvre, il faut que j'érige un temple nouveau à notre Mère, il faut que je lui consacre un monument; il faut qu'il redise ma foi et aussi la piété de toute cette région.

Et vous savez comme il se mit au travail; il s'en alla de porte en porte, de village en village, il tendit la main et se fit le mendiant de Marie. Quel honneur pour lui ! Pouvait-on lui refuser ? On savait bien qu'il avait donné d'abord tout ce qu'il possédait; on savait bien qu'il se donnait lui-même chaque jour. On le voyait constamment ceint du tablier du travail, le compas à la main, prendre des mesures, diriger les travaux et comuniquer à tous sa noble ardeur.

A l'instant la contrée tout entière s'émeut, elle est gagnée. Ce n'est plus une humble église qu'il s'agit de relever, c'est plus que cela, c'est une basilique à Marie qu'il faut construire.

Dès lors, tous s'intéressent à ce temple et tous tiennent à honneur de contribuer à sa construction. Quelle n'était pas la joie de M. l'abbé Valentin lorsqu'il recevait quelque généreuse offrande. J'en fus un jour l'heureux témoin. Confident des dernières volontés d'un prêtre vénérable et vénéré, M. l'abbé Dion, je lui remis en son nom un don de 500 francs; je ne puis vous dire le bonheur qu'il éprouva, il ne trouvait pas d'expression pour l'exprimer.

Tel est le zèle qu'il savait communiquer à tous ceux qui l'approchaient que l'on a vu d'humbles servantes lui apporter mille francs pour son œuvre. Messieurs, quand on examine l'église construite par M. l'abbé Valentin, on est vraiment étonné et ravi, et quand on sait qu'il la laisse presque achevée et que seul il a conçu et conduit à bonne fin cette œuvre, on est bien obligé de penser que Marie l'a inspiré et soutenu. Malgré soi. on se reporte à ces temps heureux où, sous le souffle de la foi populaire, s'élevaient nos grandes églises et nos magnifiques cathédrales, et M. l'abbé Valentin nous rappelle ces évêques et ces prêtres du moyen-âge qui regardaient comme un de leurs principaux devoirs d'abriter sous des voûtes splendides le Dieu de l'Eucharistie.

Tout à l'heure, j'admirais ce temple que M. le Curé de Neuvizy a élevé, j'étais heureux d'y retrouver les lignes si pures du XIIIe siècle, et je me demandais comment, sans connaissances spéciales, il avait pu construire une église si bien proportionnée dans son ensemble et dans toutes ses parties. J'oubliais, en ce moment, les études auxquelles il s'était livré, j'oubliais ses recherches sur les communes du canton de Fismes. Pour mieux en redire l'histoire il avait dû porter son attention sur les monuments de la contrée; il les avait compris, il les avait aimés. J'oubliais les travaux de reconstruction et d'embellissement exécutés par lui dans les églises de Breuil et de Montigny. Il était donc préparé pour son œuvre, aussi ne nous étonnons pas si l'église élevée par lui répond aux plus difficiles exigences.

L'œuvre est inachevée, je le sais, ne craignons rien cependant. Ce temple bâti par ce digne prêtre est l'œuvre de Marie, et les œuvres de Marie se complètent toujours. D'ailleurs. Son Excellence Mgr l'Archevêque porte à cette église un intérêt tout spécial, et cette pensée contribuera beaucoup, j'en suis certain, à diriger vers elle, comme par le passé, le courant des dons et des offrandes.

Maintenant, M. l'abbé Valentin n'est plus. Cette œuvre qu'il aimait, il n'en a pas vu le couronnement; ces tours gracieuses et ces flèches élégantes qu'il avait rêvées, il ne les a pas contemplées, Dieu lui réservait d'autres splendeurs.

Sans doute, Messieurs, ils sont beaux les temples que nous élevons de nos mains; leur décoration est conforme à toutes les règles de l'art; cependant, nous sommes obligés de l'avouer, les tabernacles éternels sont plus beaux encore. Or ces splendeurs, grâce au Sang divin, peut-être que déjà l'âme de M. l'abbé Valentin les contemple.

Messieurs, si je ne vous ai pas parlé de ses relations avec ses confrères, c'est qu'elles sont connues de tous. N'était-il pas toujours prêt à donner un bon conseil, à rendre tous les services qui lui étaient demandés? Le vit-on jamais arguer de ses fatigues et des nombreuses occupations que lui imposait la direction des âmes.

Ah ! Messieurs, dans les jours mauvais où nous sommes, nos peuples égarés nous demandent souvent où est le bon prêtre. Répondons hardiment : le bon prêtre, mais nous l'avons vu, nous connaissons ses œuvres, nous avons été mêlés à sa vie; le bon prêtre, l'homme de tous, l'ami du pauvre, le serviteur de Dieu et de Marie, c'était M. l'abbé. Valentin, le digne curé de Neuvizy. Tous connaissaient ses vertus, aussi à l'annonce de sa mort, ce fut un deuil général; on sentait que cette mort était une perte pour le diocèse tout entier.

Consolons-nous, Messieurs, en priant pour notre digne confrère; consolons une famille si crnellement atteinte en présentant à Dieu de ferventes supplications pour cette âme si belle et si bonne. Conservons longtemps son souvenir. Mais à quoi bon ce vœu ! n'est-il pas profondément gravé dans la pensée de tous? Oui, toujours, la paroisse de Neuvizy se souviendra de lui comme on se souvient d'un pasteur vénéré; sa famille se le rappellera comme on se rappelle un frère aimant, et nous tous, mes vénérés confrères, nous évoquerons souvent sa pensée, comme on évoque la pensée d'un ami. »

CHAPITRE VI

DISCOURS DE M. CHOISY, MEMBRE DU CONSEIL MUNICIPAL DE NEUVIZY

Comme l'a dit M. l'Archiprêtre de Rethel, à la nouvelle de la mort de M. l'abbé Valentin, la consternation fut générale dans la contrée. Tous disaient : quel saint prêtre, quel homme de mérite nous avons perdu.

Nous pouvons encore citer un précieux témoignage de la douleur de ses paroissiens, écrit par M. Choisy, membre du conseil municipal de Neuvizy :

« Je ne fais que remplir un bien juste devoir, en retraçant quelques-unes des qualités sans nombre qui ornaient le cœur et l'esprit de notre cher et regretté curé, M. l'abbé Valentin.

Nous savons tous, habitants de Neuvizy, combien il était l'observateur de ses devoirs pieux au milieu de son église ; mais une fois qu'il en était sorti, il redevenait l'homme populaire, il redevenait l'homme accessible à tous. On le voyait sans cesse, rechercher la conversation de tous ses paroissiens ; le riche, le pauvre, sans distinction, trouvaient auprès de lui des paroles d'encouragement, il savait les égayer par sa belle humeur et sa cordialité si joviale. Quand nous le quittions, ce bon prêtre, nous restions encore longtemps émus, sous l'impression des paroles qu'il nous avait dites.

Avions-nous à faire une construction ? elle ne pouvait échapper à sa surveillance, il en devenait immédiatement l'architecte volontaire, et alors, ce que nous avions de mieux à faire, c'était de lui en confier la direction. Avions-nous à régler des affaires de famille ! il était pour nous un intermédiaire consciencieux et compétent. Avions-nous sur les bras un procès qui nous causait quelques soucis, quelques désagréments, nous allions trouver notre bon curé, de suite il sortait de cet éminent esprit, un conseil, un avis qui nous menait à bonne fin.

En 1870, année de fatale mémoire, quand les soldats du général Vinoy passaient ici, sur nos crêtes, fuyant l'ennemi qui les cernaient presque de toutes parts, nous savons tous qu'aussitôt qu'ils eurent disparu à nos yeux, les Prussiens ne tardèrent pas à apparaître ; c'est alors qu'un coup de feu abattit un de leurs chefs vers les premières maisons de Faissault. On ne sait trop pourquoi le Prussiens firent conduire le mort à Neuvizy, et dans quel but. Toujours est-il qu'ils nous attribuaient la mort de leur camarade, de là grande colère chez eux. C'est vous, blouses bleues *(sic)*, disait un capitaine prussien, qui avez tué notre ami, notre parent ! On va mettre le feu aux quatre coins du village, vous allez être pillés. C'en était fait de nous, si notre cher curé, M. l'abbé Valentin, n'écoutant que son courage et s'animant d'un sang-froid jusqu'alors inconnu, n'eut essayé de fléchir l'ennemi. Il va s'emparer du cadavre, le met dans un cercueil, et lui donne la sépulture dans notre cimetière, après s'être assuré préalablement que ce chef était catholique. Habitants de Neuvizy, nous nous rappelons très-bien, que par une pluie battante, au milieu d'une désolation générale, quand personne n'osait sortir de chez soi, ou plutôt quand tout le monde fuyait à l'approche de ces redoutables ennemis ; nous nous rappelons, dis-je, que M. le curé enterrait cet officier prussien. Il était entouré d'un grand nombre de soldats et de tous ces chefs qui, quelques heures auparavant, voulaient tout détruire. Eh bien ! de loups dévorants qu'ils étaient, ils sont à l'instant devenus doux comme des agneaux ; ils versent des larmes d'attendrissement en voyant un tel acte de charité et de dévouement à l'égard de leur camarade. Et par ce fait Neuvizy fut sauvé. C'est donc grâce à notre cher curé, que nos maisons n'ont pas été brûlées, que nos biens n'ont pas été pillés, et qui sait même ce que nous serions devenus? Oh ! comme il est bien digne de notre reconnaissance et de nos regrets éternels (1).

(1) A cette même époque la France, on ne le sait que trop, a été cruellement éprouvée. Elle faisait alors, pour ainsi parler, son Chemin de la croix, chemin de la croix dont les stations s'appelaient Wissembourg, Sedan, Reims, Strasbourg, Metz, Laon, Soissons, Saint-Quentin, Mézières, Rocroi, Orléans, Patay, Versailles et Paris ; stations de plus en plus douloureuses, de plus en plus sanglantes. Nos Ardennes ont éprouvé leur part de douleurs, nos villages furent pillés, incendiés, rançonnés. Un poste prussien avait été placé à Launois, paroisse voisine de Neuvizy. Un soir les francs-tireurs vinrent le surprendre, tuèrent le chef du poste et firent les soldats prisonniers. Pendant la nuit ils ôtèrent les rails du chemin de fer et le lendemain les trains prussiens sautèrent et furent renversés dans un marais appartenant à Neuvizy, où les francs-tireurs leur tuèrent un grand nombre d'hommes. Rendus furieux par cette double circonstance, les Prussiens arrivent en foule à Launois, et M. l'abbé B... alors curé de Jandun et actuellement curé de Matton, pourrait dire et au besoin montrer quelle a été leur cruauté et leur barbarie. Ils devaient tout détruire, tout saccager; le colonel avait reçu ordre de brûler le village tout entier ; cependant, grâce aux explications fournies par M. le curé de Launois qui défendit hardiment la cause de sa paroisse et la justifia de tous points, une seule maison a été

En terminant mon récit je dirai quelques mots au sujet de cette magnifique église dont on parle tant à cinquante lieues à la ronde. Il fallait posséder un esprit aussi vaste, d'aussi grandes capacités, pour oser entreprendre de construire un pareil édifice au milieu d'un si humble village que Neuvizy, n'ayant à l'époque aucune ressource. Au contraire la fabrique ne possédait alors que des dettes, l'infatigable et zélé pasteur se mit donc à l'œuvre, au milieu de difficultés toujours naissantes. Quelques années encore et il sortait triomphant de cette belle entreprise; l'église de Notre-Dame-de-Bon-Secours, aurait été terminée. Heureusement sa juste prévoyance le suivra jusque dans la tombe, car il laisse des écrits, des notes concernant tout ce qu'il reste encore à faire, et ceux qui viendront après lui, pour continuer les travaux, auront facile de terminer un chef-d'œuvre si dignement et si habilement commencé. »

détruite par l'incendie, celle où le chef avait été tué. Dans mon intime conviction, c'est le Chemin de la Croix qui nous a sauvés. Depuis le commencement de la guerre, chaque jour, 20, 30, 40 et quelquefois 50 personnes allaient à l'église faire le Chemin de la Croix pour demander à Dieu de nous protéger. Neuvizy fut plus heureux encore. C'était sur son terroir que les francs-tireurs avaient tué un grand nombre de Prussiens, c'était sur son terroir que le chemin de fer avait été coupé et cependant Neuvizy fut épargné. A quelle influence dut-il d'avoir été préservé d'une destruction totale? C'est à la protection de Marie. Pendant le combat le pieux pasteur accompagné d'une grande partie de ses paroissiens, était en prières aux pieds de la Madone miraculeuse qui n'a pas permis, en ce jour, que l'ennemi entrât même dans ce pays où elle est tant honorée. *(Note de l'auteur de la notice.)*

CHAPITRE VII

ÉPITAPHE. — FONDATIONS. — EXHORTATION AUX PÉLERINS

Voulant perpétuer la mémoire de M. l'abbé Valentin, fondateur de l'église bâtie en l'honneur de Notre-Dame-de-Bon-Secours, M. l'abbé Juillet, vicaire général, a composé l'épitaphe suivante :

†

Hic in Domino requiescit
R. D. Nicolaus VALENTIN, sacerdos,
Ecclesiæ Metropolitanæ Remensis
Canonicus honorarius,
nec non Paræciæ de Neuvizy Parochus.
Ipse hoc templum
in honorem B. M. V. sub titulo Boni Auxilii,
summâ cum industriâ ac multo labore
pie ædificavit.
Quem virtutibus et pastorali sollicitudine eximium
ac de plebe sua pro zelo Domus Dei
optime meritum
parochiani, clerus Remensis et fideles
piæ peregrinationi B. M. V. devoti
laudibus, mœrore et lacrymis prosecuti sunt.

Natus die XIX aprilis anni MDCCCXVIII.
Obiit 1ª die novembris anni MDCCCLXXVI.

Dilexi decorem Domus tuæ :
O Domine, quia ego servus tuus, et filius ancillæ tuæ.

Requiescat in pace.

En voici la traduction :

✝

Ici repose dans le Seigneur
l'excellent prêtre Nicolas VALENTIN,
Chanoine honoraire de l'Eglise métropolitaine de Reims
et curé de Neuvizy.
C'est lui qui construisit pieusement ce temple,
avec toutes sortes de soins et une incroyable habileté,
en l'honneur de la Bienheureuse Vierge Marie,
sous le titre de N.-D.-de-Bon-Secours.
Orné de vertus, d'une remarquable sollicitude pastorale,
il mérita bien de son peuple
à cause de son zèle pour la Maison de Dieu.
Aussi les habitants de la paroisse, le clergé de Reims
et les fidèles dévoués
au Pélerinage de la Bienheureuse Vierge Marie
l'ont honoré
de leurs louanges, de leur deuil et de leurs larmes.

Il est né le 19 avril 1818.
Il mourut le 1ᵉʳ novembre de l'année 1876.

J'ai aimé la beauté de votre maison,
Seigneur, parce que je suis votre serviteur et le fils de votre
[servante.

Qu'il repose en paix.

Cette inscription latine est gravée sur une plaque
de marbre noir attachée au pilastre qui doit sup-
porter la statue de la Vierge, sur le seuil de
l'église, juste au-dessus du caveau où repose le
corps du bon curé.

Son honorable et généreuse famille a consacré
la somme de douze cents francs à la fondation
d'une messe chantée, dans les premiers jours de
novembre, pour le repos de son âme.

Le Conseil de fabrique de Neuvizy a été una-
nime à décider qu'une messe serait chantée aussi,
à son intention, chaque année, durant la neuvaine
de mai, en témoignage de sa reconnaissance.

M. l'abbé Valentin n'existe plus sur cette terre,
mais son œuvre reste. Il n'a pu, il est vrai,
l'achever entièrement. Dieu ne l'a pas permis.
Mais vous, ô pieux pèlerins, ne vous appartient-il
pas de compléter ce monument élevé en l'honneur
de Marie, votre bonne Mère? Du haut du ciel où,
sans doute, il a déjà obtenu une place, il peut en
avoir la douce certitude, vous reporterez sur son
successeur la confiance que vous aviez mise en
lui; vous l'aiderez dans la mesure de vos moyens
et par vos nombreuses offrandes, à terminer
l'œuvre si heureusement commencée. Vous à qui
le Seigneur a accordé quelque fortune, un peu
d'aisance, employez-la pour cette bonne œuvre,
vous ne sauriez mieux faire que de contribuer
par vos largesses à l'achèvement de cette église
magnifique. Peut-être chaque pierre que vous
donnerez délivrera une âme du purgatoire, l'âme
de votre père, de votre mère, de votre époux, de
votre enfant, d'un de vos amis. De plus toutes
ces pierres réunies serviront, soyez-en sûrs, à
vous construire une riche demeure dans le ciel.

Imprimatur.
Remis, die 19ª februarii 1877.

P. JUILLET,
Vicaire général.

TABLE

CHAPITRE Ier.

Enfance et jeunesse de M. Valentin.

CHAPITRE II.

M. Valentin, curé de Montigny-sur-Vesle.

CHAPITRE III.

M. Valentin, curé de Neuvizy.

CHAPITRE IV.

Mort de M. l'Abbé Valentin.

CHAPITRE V.

Allocution de M. Pierret, archiprêtre de Rethel.

CHAPITRE VI.

Discours de M. Choisy, membre du conseil municipal de Neuvizy.

CHAPITRE VII.

Épitaphe. — Fondations. — Exhortations aux pélerins.

Charleville, Typographie de A. POUILLARD.

www.ingramcontent.com/pod-product-compliance
Lightning Source LLC
LaVergne TN
LVHW010446060726
842527LV00005B/1722